In den Worten von Albert Einstein: 'Phantasie ist wichtiger als Wissen, denn Wissen ist begrenzt.'

Herzlich willkommen zu einem Buch tiefgründiger sozialer Zitate. Dies ist keine herkömmliche Sammlung, sondern eine Einladung zur Interpretation.

Die folgenden Seiten sollen nicht endgültige Antworten liefern, sondern Ihr Denken anregen. Diese Zitate sind wie Samen, die in Ihrem Geist gepflanzt werden.

Lassen Sie sie keimen und gedeihen. Ihre Interpretationen werden zu einem Spiegel Ihrer eigenen Erfahrungen und Ansichten.
Nutzen Sie diese Worte als Ausgangspunkt, um soziale Themen aus neuen Blickwinkeln zu betrachten.

Möge dieses Buch Sie inspirieren, die Bedeutung hinter den Worten zu entdecken, und Sie ermutigen, Ihre eigenen Gedanken zu diesen wichtigen Angelegenheiten zu formen. Tauchen Sie ein und erleben Sie die Kraft der Interpretation.
Ihre Reise beginnt jetzt, begleitet von den Gedanken großer Denker und Ihrer eigenen tiefsinnigen Reflexion.

1.

"Die größte Freude im Leben besteht darin, für andere etwas zu tun."

-MARIE CURIE

Die angesprochene Idee betont die immense Freude, die aus uneigennützigem Handeln für andere erwächst. Wenn wir über unsere eigenen Interessen hinausgehen und uns für das Wohl anderer einsetzen, öffnen wir eine Quelle der Zufriedenheit, die aus der Erkenntnis erwächst, dass unsere Taten positive Veränderungen bewirken können. Diese Freude ist tiefgreifend, weil sie auf zwischenmenschlicher Verbindung und positiver Einflussnahme basiert.
Sie erinnert uns daran, dass unser Glück nicht nur von persönlichem Gewinn abhängt, sondern von unserer Fähigkeit, das Leben anderer positiv zu beeinflussen. Dieses Prinzip lädt dazu ein, über die wahre Natur des Glücks nachzudenken – ein Glück, das in der Großzügigkeit und im Dienst an anderen zu finden ist.

2.

"Was ihr für einen meiner geringsten Brüder getan habt, das habt ihr mir getan."

- MATTHÄUS 25:40

In dem biblischen Zitat aus Matthäus 25:40 spricht Jesus Christus über die Bedeutung der Nächstenliebe und Mitmenschlichkeit. Die Aussage verdeutlicht, dass jede freundliche Handlung, die wir für diejenigen tun, die Hilfe benötigen, gleichbedeutend ist mit einer Handlung gegenüber Gott selbst. Dieses Zitat betont, dass unsere Beziehung zu Gott eng mit unserer Beziehung zu unseren Mitmenschen verbunden ist.

Die Botschaft dieses Zitats ist eine Aufforderung, unsere Mitmenschen mit Empathie und Fürsorge zu behandeln, da unser Handeln nicht nur physische Auswirkungen hat, sondern auch eine spirituelle Dimension besitzt. Es erinnert uns daran, dass Liebe und Hilfsbereitschaft gegenüber anderen nicht nur moralisch und ethisch wichtig sind, sondern auch eine tiefere spirituelle Bedeutung haben. Dieses Zitat ermutigt uns, unsere Handlungen und Entscheidungen bewusst auf bedingungsloser Liebe und Mitgefühl aufzubauen, um so nicht nur das Leben anderer zu verbessern, sondern auch eine tiefere Verbindung zu unserem spirituellen Glauben zu erfahren.

3.

"Die besten und schönsten Dinge der Welt können nicht gesehen oder berührt werden. Sie müssen mit dem Herzen gefühlt werden."

- Helen Keller

Das Zitat von Helen Keller unterstreicht, dass es im Leben Aspekte gibt, die jenseits der physischen Wahrnehmung liegen. Es lenkt die Aufmerksamkeit auf die Idee, dass wahre Bedeutung, Schönheit und Wert oft nicht durch bloßes Sehen oder Berühren erfasst werden können. Stattdessen wird betont, dass eine tiefere Wahrnehmung und Verbindung erforderlich ist, die durch emotionales Empfinden und inneres Erleben entstehen.

Die Botschaft dieses Zitats ermutigt dazu, auf unsere inneren Empfindungen, Intuition und Emotionen zu achten, um die subtilen Nuancen des Lebens zu erkennen. Es lädt dazu ein, über die äußere Erscheinung hinauszugehen und tiefer in die Bedeutung einzutauchen, die hinter den Dingen liegt. Diese Perspektive eröffnet die Möglichkeit, tiefgreifende Freude, Liebe und Bedeutung zu erfahren, die oft in den unsichtbaren, aber mächtigen Ebenen der menschlichen Erfahrung verwurzelt sind.

4.

"Wir sind alle miteinander verbunden; wir sind alle Teil eines größeren Ganzen." -

-JANE GOODALL

Jane Goodalls bedeutungsvoller Ausspruch, der besagt, dass wir alle miteinander verbunden sind und Teil eines größeren Ganzen sind, öffnet ein Tor zu einer tiefen Reflexion über die Natur unserer Existenz. Diese Aussage drängt uns dazu, über die subtile Verbindung nachzudenken, die zwischen allen Individuen und der Welt, in der wir leben, besteht. Sie ruft uns auf, unser Handeln und unsere Entscheidungen im Kontext der gesamten Menschheit und des Planeten zu betrachten. Diese Perspektive kann Empathie und Bewusstsein für die Auswirkungen unserer Handlungen fördern und uns dazu ermutigen, verantwortungsbewusst zu handeln, um das Wohl aller zu fördern.

5.

"Die mächtigste Waffe, um die Welt zu verändern, ist Bildung."

- NELSON MANDELA

Die überlieferte Botschaft von Nelson Mandela, dass Bildung die mächtigste Waffe ist, um die Welt zu verändern, lenkt unsere Aufmerksamkeit auf die transformative Kraft des Wissens. Bildung ist mehr als nur das Sammeln von Informationen; sie ist ein Werkzeug, das die Barrieren der Ignoranz und Vorurteile durchbricht. Dieses Prinzip betont die Tatsache, dass Bildung den Geist befreit, Chancen eröffnet und das individuelle sowie kollektive Wachstum antreibt. Die Aussage ermutigt dazu, Bildung als ein Instrument des Wandels zu sehen und zu nutzen, um Ungerechtigkeiten zu überwinden und eine nachhaltigere Zukunft aufzubauen.

6.

"Sei die Veränderung, die du in der Welt sehen möchtest."

- MAHATMA GANDHI

Mahatma Gandhis Appell, die Veränderung zu verkörpern, die wir in der Welt sehen möchten, ist eine Aufforderung zur Selbstreflexion und zum proaktiven Handeln. Diese Botschaft lädt uns dazu ein, unsere eigenen Werte, Überzeugungen und Handlungen kritisch zu hinterfragen. Sie ermutigt uns, unsere inneren Prinzipien in die Tat umzusetzen, anstatt auf Veränderungen von außen zu warten. Indem wir unsere Handlungen ausrichten und ein Beispiel für die Ideale sind, die wir in unserer Gesellschaft sehen möchten, beeinflussen wir nicht nur unser persönliches Umfeld, sondern tragen auch zur Schaffung eines umfassenderen Wandels bei.

7.

"Die Freiheit besteht nicht darin, dass man tun kann, was man will, sondern darin, dass man nicht tun muss, was man nicht will."

- JEAN-JACQUES ROUSSEAU

Jean-Jacques Rousseaus festgehaltene Ansicht, dass wahre Freiheit nicht darin liegt, uneingeschränkt das zu tun, was man begehrt, sondern vielmehr in der Abwesenheit der Notwendigkeit, Dinge auszuführen, die man abgeneigt ist, öffnet ein Portal zur Reflexion über die wahre Natur der Freiheit. Diese Interpretation hebt hervor, dass Autonomie und Selbstbestimmung nicht allein darin bestehen, unsere Launen zu befriedigen, sondern vielmehr in der Befreiung von unerwünschten Verpflichtungen. Diese Perspektive regt dazu an, über die Grenzen der Freiheit nachzudenken und wie sie in Balance mit Verantwortung und Ethik steht.

8.

"Liebe ist die stärkste Macht der Welt, und doch ist sie die demütigste, die man sich vorstellen kann."

- MAHATMA GANDHI

Mahatma Gandhis eingefangene Erklärung, dass Liebe die stärkste Macht der Welt ist, aber gleichzeitig die bescheidenste, die man sich vorstellen kann, eröffnet eine Reflexion über die verblüffende Macht der Liebe. Diese Worte drängen uns dazu, Liebe nicht nur als emotionales Gefühl, sondern auch als eine transformative Kraft zu sehen, die in der Lage ist, Hindernisse zu überwinden und Veränderungen zu bewirken. Zugleich betont dieses Statement die sanfte und bescheidene Natur der Liebe, die ihre Macht ohne Gewalt ausübt. Es lädt dazu ein, über die Kraft der Liebe als Katalysator für sozialen Wandel nachzudenken und wie sie die Grundlage für Verbindung und Verständnis in einer konfliktreichen Welt bilden kann.

9.

"Die Zukunft hängt davon ab, was wir heute tun."

- MAHATMA GANDHI

Mahatma Gandhis klare Botschaft, dass die Zukunft von unseren gegenwärtigen Handlungen abhängt, lenkt den Fokus auf die Verbindung zwischen der Gegenwart und der Gestaltung der künftigen Realität. Diese Aussage betont die Bedeutung unserer Entscheidungen und Taten im Hier und Jetzt für die Richtung, die unser Leben und die Welt nehmen werden. Sie ruft dazu auf, bewusst und proaktiv zu handeln, um eine positive und nachhaltige Zukunft zu gestalten. Dieses Zitat ermutigt uns, unsere heutigen Handlungen sorgfältig zu überdenken und zu erkennen, wie unsere gegenwärtigen Bemühungen den Weg für das ebnen, was noch kommen wird.

10.

"Der Wert eines Menschen misst sich daran, wie viel Freude er in die Welt bringt."

- ALBERT EINSTEIN

Albert Einsteins zitierte Weisheit, dass der Wert eines Menschen sich daran bemisst, wie viel Freude er in die Welt bringt, lädt zu einer tiefen Reflexion über die Essenz unseres Daseins ein. Diese Aussage betont, dass unser persönlicher Wert nicht nur von unseren individuellen Erfolgen abhängt, sondern vielmehr davon, wie wir dazu beitragen, Freude und Positivität in das Leben anderer Menschen zu bringen. Sie erinnert daran, dass die Art und Weise, wie wir uns mit anderen verbinden und ihre Lebensqualität beeinflussen, eine tiefgreifende Bedeutung hat. Dieses Zitat lädt dazu ein, über unser Streben nach individuellem Glück hinauszugehen und den Fokus darauf zu richten, wie wir das Leben unserer Mitmenschen bereichern können.

11.

"Gib jedem Tag die Chance, der schönste deines Lebens zu werden."

- MARK TWAIN

Die erfasste Botschaft von Mark Twain, dass jedem Tag die Möglichkeit gegeben werden sollte, der schönste Tag unseres Lebens zu werden, öffnet eine Tür zur bewussten Wahrnehmung des gegenwärtigen Moments. Diese Aussage unterstreicht die Bedeutung der Achtsamkeit und des Optimismus im täglichen Leben. Sie ermutigt dazu, jeden Tag als eine Gelegenheit zu betrachten, Freude und Bedeutung zu finden, unabhängig von den Umständen. Das Zitat betont, wie unsere Einstellung und Wahrnehmung unsere Erfahrungen gestalten können. Es lädt dazu ein, die Schönheit in den kleinen Dingen des Alltags zu erkennen und bewusst positive Energie zu kultivieren.

12.

"Deine Zeit ist begrenzt, also verschwende sie nicht damit, das Leben eines anderen zu leben."

- STEVE JOBS

Steve Jobs' Aufforderung, unsere begrenzte Zeit nicht damit zu verschwenden, das Leben eines anderen zu leben, stellt eine Aufforderung zur Authentizität und Selbstbestimmung dar. Diese Worte erinnern daran, wie wichtig es ist, unsere eigenen Träume, Ziele und Werte zu verfolgen, anstatt uns an den Erwartungen oder Vorstellungen anderer zu orientieren. Das Zitat betont die Kostbarkeit der Zeit und die Notwendigkeit, sie bewusst zu nutzen, um unser individuelles Potenzial auszuschöpfen. Es ermutigt dazu, uns auf unsere eigenen Reisen zu konzentrieren und unser Leben in Übereinstimmung mit unseren tiefsten Überzeugungen zu gestalten.

13.

"Erfolg ist nicht endgültig, Misserfolg ist nicht fatal: Was zählt, ist der Mut, weiterzumachen."

- WINSTON CHURCHILL

Winston Churchills festgehaltenes Zitat, dass Erfolg nicht unaufhörlich anhält und Misserfolg nicht endgültig ist, sondern der Mut, kontinuierlich voranzuschreiten, von Bedeutung ist, öffnet ein Fenster zur Betrachtung von Beharrlichkeit und Resilienz. Diese Aussage erinnert uns daran, dass unser Lebensweg von Aufs und Abs geprägt ist und dass unsere Reaktion auf Rückschläge entscheidend ist. Sie ruft dazu auf, den Glauben an sich selbst und den Mut zur Fortsetzung zu bewahren, unabhängig von den Herausforderungen. Dieses Zitat ermuntert uns, Misserfolge als Lektionen zu sehen, die uns stärken und inspirieren können, unser Bestes zu geben, um voranzuschreiten.

14.

"Die wirkliche Entdeckungsreise besteht nicht darin, neue Landschaften zu suchen, sondern mit neuen Augen zu sehen."

- MARCEL PROUST

Marcel Prousts geäußerter Gedanke, dass die wahre Entdeckungsreise darin besteht, nicht nach neuen Landschaften zu suchen, sondern mit frischen Augen zu sehen, eröffnet eine tiefgründige Reflexion über die Wahrnehmung. Diese Auffassung betont, dass wirkliche Erkenntnis oft in der Art und Weise liegt, wie wir die Welt um uns herum wahrnehmen. Sie ruft dazu auf, alte Gewohnheiten und Vorurteile abzulegen und eine offene Geisteshaltung zu kultivieren. Das Zitat ermuntert dazu, die Tiefe und Schönheit des Alltags bewusst zu erkunden und die Fähigkeit zu entwickeln, die Welt mit einer neuen Perspektive zu betrachten.

15.

"Sei freundlich, denn jeder, dem du begegnest, kämpft einen schweren Kampf."

- PLATO

Platos Aussage, dass wir freundlich sein sollten, da jeder, dem wir begegnen, einen inneren Kampf durchmacht, öffnet eine Tür zur Empathie und Mitgefühl. Diese Botschaft betont, dass wir oft nicht wissen, welche persönlichen Herausforderungen andere Menschen bewältigen müssen. Sie erinnert daran, dass ein freundliches Wort oder eine unterstützende Geste einen großen Unterschied machen kann. Das Zitat ermuntert dazu, uns bewusst über die Gefühle und Kämpfe anderer Menschen Gedanken zu machen und uns in unseren Interaktionen von Mitgefühl und Verständnis leiten zu lassen. Es lädt dazu ein, Brücken des Verstehens zu bauen und positiven Einfluss auf das Wohlbefinden anderer zu nehmen.

16.

"Der Weg zum Glücklichsein: Schätze das Gute, vergiss das Schlechte, liebe das Wahre und kämpfe für das, was du willst."

- THOMAS S. MONSON

Thomas S. Monsons geteilter Gedanke, dass der Weg zum Glücklichsein darin besteht, das Gute zu schätzen, das Schlechte zu vergessen, das Wahre zu lieben und für unsere Wünsche zu kämpfen, entfaltet eine Sichtweise auf die Kunst des erfüllten Lebens. Diese Äußerung betont die Wichtigkeit der inneren Einstellung und des Handelns. Sie lädt dazu ein, die positiven Aspekte des Lebens zu würdigen, uns von negativem Ballast zu befreien, authentisch zu leben und mit Entschlossenheit für unsere Ziele einzutreten. Dieses Zitat ermutigt uns, bewusst an unserer eigenen Lebensfreude zu arbeiten, indem wir uns auf das konzentrieren, was uns nährt, und aktiv für unsere Träume eintreten.

17.

"Sei geduldig, aber gib niemals auf."

- DALAI LAMA

Der übermittelte Rat des Dalai Lama, geduldig zu sein, aber niemals aufzugeben, wirft ein Licht auf die Balance zwischen Beharrlichkeit und Durchhaltevermögen. Diese Botschaft betont die Kraft des andauernden Engagements, auch in Zeiten der Herausforderung. Sie erinnert uns daran, dass Durchhaltevermögen oft den Unterschied zwischen Erfolg und Misserfolg ausmacht. Dieses Zitat lädt dazu ein, Rückschläge als Teil des Lebensweges zu akzeptieren, während wir den inneren Antrieb bewahren, um auf unsere Ziele hinzuarbeiten.

18.

"Das Geheimnis des Glücks liegt in der Freiheit und das Geheimnis der Freiheit liegt im Mut."

- PERIKLES

Perikles' aufgezeichnete Erkenntnis, dass das Geheimnis des Glücks in der Freiheit liegt und das Geheimnis der Freiheit im Mut verankert ist, regt zu einer tiefen Reflektion über die Beziehung zwischen Mut, Freiheit und Lebenszufriedenheit an. Diese Aussage betont, wie der Mut, Unsicherheiten zu überwinden und Entscheidungen zu treffen, unsere Freiheit erhöht und uns ermöglicht, ein erfüllteres Leben zu führen. Sie erinnert uns daran, dass die Fähigkeit, sich der Herausforderungen des Lebens zu stellen, die Pforte zur persönlichen Freiheit öffnet. Dieses Zitat ermutigt dazu, Mut als Schlüssel zur Selbstverwirklichung zu begreifen und die eigene Freiheit mutig zu gestalten.

19.

"Das Leben wird vorwärts gelebt und rückwärts verstanden."

- SØREN KIERKEGAARD

Søren Kierkegaards profunde Aussage, dass das Leben vorwärts gelebt und rückwärts verstanden wird, eröffnet eine tiefgehende Reflexion über die Komplexität der menschlichen Erfahrung. Dieser Gedanke unterstreicht, dass wir während unserer Reise durch das Leben oft im Moment gefangen sind, jedoch erst im Nachhinein die volle Tragweite und den Zusammenhang unserer Entscheidungen und Erfahrungen erfassen können. Das Zitat lädt dazu ein, im gegenwärtigen Moment präsent zu sein, aber gleichzeitig unsere Vergangenheit zu reflektieren, um daraus Weisheit und Erkenntnisse für die Zukunft zu schöpfen. Es ermutigt uns, bewusst zu leben und aus unseren Fehlern und Triumphen zu lernen, um eine tiefere und umfassendere Perspektive auf unser eigenes Leben zu gewinnen.

20.

"Der beste Weg, sich selbst zu finden, ist, sich in den Dienst anderer zu stellen."

- MAHATMA GANDHI

Mahatma Gandhis klare Aufforderung, dass der Weg zur Selbstfindung darin besteht, sich in den Dienst anderer zu stellen, lädt zu einer Erkundung der untrennbaren Verbindung zwischen persönlichem Wachstum und sozialem Engagement ein. Diese Botschaft hebt hervor, dass unsere wahre Identität nicht nur in introspektiver Isolation gefunden wird, sondern in der Art und Weise, wie wir uns für das Wohl anderer einsetzen. Das Zitat fordert dazu auf, Empathie und Fürsorglichkeit zu kultivieren und zu erkennen, dass unser eigenes Glück untrennbar mit dem Glück anderer verbunden ist. Es inspiriert uns, in unseren Handlungen einen tiefen Sinn zu sehen, der über unser eigenes Ich hinausgeht.

21.

"Das Leben ist das, was passiert, während du eifrig dabei bist, andere Pläne zu machen."

- JOHN LENNON

John Lennons einsichtsvoller Gedanke, dass das Leben während unserer eifrigen Planung passiert, betont die Unvorhersehbarkeit und den Zauber des Lebens. Diese Feststellung lädt dazu ein, unsere Neigung zu starren Plänen und festen Erwartungen zu überdenken und die Schönheit im spontanen Lauf der Dinge zu erkennen. Das Zitat ermuntert uns, Flexibilität zu entwickeln und im Hier und Jetzt präsent zu sein, während wir gleichzeitig bereit sind, uns den Überraschungen des Lebens zu öffnen. Es erinnert daran, dass die wertvollsten Erfahrungen oft aus den Momenten hervorgehen, die nicht nach einem vorherbestimmten Drehbuch verlaufen.

22.

"Die Zukunft gehört denen, die an die Schönheit ihrer Träume glauben."

- ELEANOR ROOSEVELT

Eleanor Roosevelts inspirierende Aussage, dass die Zukunft jenen gehört, die an die Schönheit ihrer Träume glauben, eröffnet eine faszinierende Perspektive auf den Einfluss des Glaubens auf unser Leben. Diese Worte betonen, dass unsere Überzeugungen und Träume die Weichen für unser zukünftiges Schicksal stellen. Sie laden uns ein, nicht nur in unseren Träumen zu schwelgen, sondern auch aktiv daran zu glauben und danach zu streben. Der Glaube an die Erreichbarkeit unserer Träume kann uns mit einer ungeahnten Energie und Entschlossenheit erfüllen. Dieses Zitat ermutigt dazu, den Glauben an die eigene Vision zu stärken und die Energie unserer Träume zu nutzen, um eine positiv gestaltete Zukunft zu erschaffen. Indem wir in die Schönheit unserer Träume vertrauen, setzen wir einen Antrieb in Gang, der uns dabei hilft, Hindernisse zu überwinden und unsere Visionen in die Realität umzusetzen.

23.

"Freundschaft ist eine Seele in zwei Körpern."

- ARISTOTELES

Aristoteles' tiefgründige Beschreibung, dass Freundschaft eine Seele in zwei Körpern ist, öffnet eine Tür zur Essenz der Verbundenheit zwischen Menschen. Diese Feststellung betont die Tiefe und Intimität von echten Freundschaften. Sie lädt uns ein, Freundschaft nicht nur als oberflächliche Interaktion zu sehen, sondern als eine tiefe Verbindung, in der sich Seelen auf einzigartige Weise miteinander verbinden. Echte Freundschaften bieten uns nicht nur emotionalen Halt, sondern ermöglichen auch einen Raum für Wachstum, Vertrauen und Unterstützung. Dieses Zitat ermuntert dazu, unsere Freundschaften wertzuschätzen, in denen wir Vertrauen, Unterstützung und gemeinsames Wachstum finden. Es ruft dazu auf, in den Menschen um uns herum nicht nur Gesellschaft, sondern auch eine Verbindung auf einer tieferen Ebene zu sehen.

24.

"Die Freude, die wir geben, kehrt ins eigene Herz zurück."

- LAO TZU

Lao Tzus reflektierender Gedanke, dass die Freude, die wir geben, in unser eigenes Herz zurückkehrt, unterstreicht die erhebende Natur der Großzügigkeit. Diese Botschaft betont, wie unser Handeln des Gebens nicht nur anderen zugutekommt, sondern auch unser eigenes Wohlbefinden steigert. Die positive Energie, die wir in die Welt bringen, hat die erstaunliche Fähigkeit, sich auf uns selbst auszuwirken und unser eigenes Herz mit Freude zu erfüllen. Indem wir Liebe, Freundlichkeit und Unterstützung schenken, schaffen wir eine positive Atmosphäre um uns herum und erleben gleichzeitig ein gestärktes Gefühl des Glücks. Dieses Zitat ermutigt dazu, bewusst Güte und Freude zu verbreiten und die befreiende Wirkung des Gebens zu erfahren. Es erinnert uns daran, dass die Art und Weise, wie wir uns anderen gegenüber verhalten, auch unsere eigene innere Welt formt.

25.

"Man sieht nur mit dem Herzen gut. Das Wesentliche ist für die Augen unsichtbar."

- ANTOINE DE SAINT-EXUPÉRY

Antoine de Saint-Exupérys berühmtes Zitat, dass man nur mit dem Herzen gut sieht und das Wesentliche für die Augen unsichtbar ist, öffnet eine Tür zur tieferen Wahrnehmung und Verbindung. Diese Worte betonen die Begrenztheit oberflächlicher Beurteilungen und laden dazu ein, die Welt durch die Linse der Empathie und des Herzens zu betrachten. Das Zitat ermuntert dazu, über äußere Erscheinungen hinauszublicken und tiefergehende Verbindungen zu erkennen, die oft nicht auf den ersten Blick ersichtlich sind. Es lädt dazu ein, die kostbare Fähigkeit zur Intuition zu nutzen und eine tiefere Ebene des Verständnisses für Menschen und Dinge zu entwickeln.

26.

"Das Leben ist zu kurz, um auf morgen zu warten."

- ANTOINE DE SAINT-EXUPÉRY

Antoine de Saint-Exupérys prägnante Aussage, dass das Leben zu kurz ist, um auf morgen zu warten, wirft ein grelles Licht auf die Wertschätzung des gegenwärtigen Moments. Diese Botschaft betont, wie wichtig es ist, das Leben in seiner Fülle jetzt zu leben, anstatt es auf unbestimmte Zeit zu verschieben. Das Zitat ermutigt dazu, Träume, Abenteuer und Ziele zu verfolgen, während wir die Gelegenheiten nutzen, die uns im Hier und Jetzt geboten werden. Es lädt dazu ein, die Gegenwart bewusst zu erleben und die Prokrastination zugunsten eines aktiven Lebens zu überwinden.

27.

"Das Geheimnis des Glücks liegt nicht im Besitz, sondern im Geben."

- Albert Einstein

Albert Einsteins tiefgründiges Zitat, dass das Geheimnis des Glücks nicht im Besitz, sondern im Geben liegt, öffnet eine Tür zur Erkenntnis über die transformative Kraft des Gebens. Diese Aussage betont, dass materielle Besitztümer nicht die Grundlage für wahres Glück sind, sondern vielmehr die Handlungen des Gebens, die uns innerlich erfüllen. Das Zitat lädt dazu ein, Großzügigkeit und Mitgefühl als Quellen der Zufriedenheit zu erkennen. Es ermutigt dazu, eine Haltung der Gebefreude zu kultivieren und zu erfahren, wie das Teilen von Liebe, Wissen und Unterstützung nicht nur anderen, sondern auch uns selbst Freude schenkt.

28.

"Güte in Worten schafft Vertrauen. Güte im Denken schafft Tiefe. Güte im Geben schafft Liebe."

- LAO TZU

Lao Tzus weises Zitat, dass Güte in Worten Vertrauen schafft, Güte im Denken Tiefe erzeugt und Güte im Geben Liebe hervorbringt, öffnet eine Tür zur umfassenden Bedeutung der Güte. Diese Aussage betont, dass Güte nicht nur oberflächliche Gesten sind, sondern eine transformative Kraft, die in vielen Ebenen unseres Lebens wirkt. Sie erinnert uns daran, wie unsere Worte, Gedanken und Handlungen in einer Wechselwirkung stehen und die Qualität unserer Beziehungen prägen. Das Zitat lädt dazu ein, bewusst Güte in allen Aspekten unseres Lebens zu kultivieren, um Verbindungen zu stärken, tiefes Verständnis zu fördern und Liebe in die Welt zu bringen.

29.

"Die beste Zeit für einen Neuanfang ist jetzt."

- GEORGE ELIOT

George Eliots klare Botschaft, dass die beste Zeit für einen Neuanfang jetzt ist, öffnet eine Perspektive auf die Kraft des gegenwärtigen Moments. Diese Feststellung betont, wie leicht wir uns in Vorwänden und Aufschüben verlieren können, anstatt die Gelegenheit zu ergreifen, unser Leben aktiv zu gestalten. Das Zitat ermutigt dazu, die Vergangenheit loszulassen, sich von Unsicherheiten zu befreien und den Mut zu haben, im Hier und Jetzt neue Wege zu beschreiten. Es lädt dazu ein, nicht auf den "perfekten" Zeitpunkt zu warten, sondern im gegenwärtigen Moment die Saat für einen erfüllenden Neuanfang zu legen.

30.

"Zu lieben ist die einzige Sache, die sich vermehrt, wenn man sie teilt."

- Albert Schweitzer

Albert Schweitzers kluge Erkenntnis, dass zu lieben die einzige Sache ist, die sich vermehrt, wenn man sie teilt, öffnet eine Tür zur exponentiellen Natur der Liebe. Diese Aussage betont, dass Liebe keine begrenzte Ressource ist, sondern je mehr wir sie teilen, desto mehr wird sie wächst. Sie erinnert daran, wie unsere Liebe und Zuneigung in der Gemeinschaft zu einer Quelle der Freude und des Trostes für viele werden kann. Das Zitat lädt dazu ein, Großzügigkeit und Offenheit im Herzen zu kultivieren, um die Kraft der Liebe in unserer Welt zu multiplizieren. Es ermutigt dazu, die Bedeutung der zwischenmenschlichen Bindungen zu schätzen und die Freude des Teilens zu erfahren.

31.

"Der Mensch ist nur dort ganz Mensch, wo er spielt."

- FRIEDRICH SCHILLER

Friedrich Schillers prägnante Aussage, dass der Mensch nur dort ganz Mensch ist, wo er spielt, öffnet eine Tür zur tiefen Bedeutung von Spiel, Kreativität und Selbstausdruck. Diese Feststellung betont, wie das Spiel eine Quelle der Freude, des Lernens und der Freiheit ist. Das Zitat lädt dazu ein, die spielerische Natur des Menschen zu würdigen und sich der Kraft der Kreativität und Imagination zu öffnen. Es ermutigt dazu, das Spiel nicht nur als kindliche Aktivität zu sehen, sondern als eine essentielle Facette unseres Wesens, die uns mit unserem inneren Kind verbindet und uns erlaubt, das Leben mit Leichtigkeit und Begeisterung zu erfahren.

32.

"Wahre Größe zeigt sich in den kleinen Dingen."

- KAHLIL GIBRAN

Kahlil Gibrans weise Erkenntnis, dass wahre Größe sich in den kleinen Dingen zeigt, öffnet eine tiefere Perspektive auf die Essenz des menschlichen Charakters. Diese Botschaft betont, dass die Bedeutung eines Menschen nicht nur in großen Taten und Erfolgen liegt, sondern auch in den scheinbar unbedeutenden Gesten des Mitgefühls, der Freundlichkeit und der Rücksichtnahme. Das Zitat ermutigt dazu, die kleinen Handlungen des Alltags zu schätzen und darin die Möglichkeit zu erkennen, echte Menschlichkeit und Herzensgüte zu zeigen. Es lädt dazu ein, das Streben nach Anerkennung und Ruhm mit der Fähigkeit zu balancieren, in den kleinen Dingen Großes zu bewirken.

33.

"In einer Welt, in der du alles sein kannst, sei freundlich."

- JENNIFER DUKES LEE

Das Zitat von Jennifer Dukes Lee betont die Bedeutung von Freundlichkeit in einer vielfältigen und dynamischen Welt. Es erinnert uns daran, dass wir trotz der unterschiedlichen Möglichkeiten, die uns zur Verfügung stehen, eine bewusste Wahl treffen sollten, freundlich zu sein. Diese Worte legen nahe, dass Freundlichkeit eine universelle Sprache ist, die über kulturelle und gesellschaftliche Grenzen hinweg verstanden wird.

In einer Zeit, in der Meinungsverschiedenheiten und Spaltungen häufig auftreten, ermutigt uns das Zitat dazu, uns inmitten dieser Vielfalt für Respekt und Freundlichkeit zu entscheiden. Es verdeutlicht, dass Freundlichkeit nicht nur anderen zugutekommt, sondern auch uns selbst bereichert, indem sie eine positive Umgebung schafft und unsere geistige Gesundheit stärkt.

34.

"Die größte Form des Stolzes ist die Ablehnung von Hilfe, weil man glaubt, es alleine schaffen zu müssen."

- MORGAN HARPER NICHOLS

Das Zitat betont, wie der Stolz manchmal dazu führen kann, dass wir Hilfe und Unterstützung von anderen ablehnen, um unsere Selbstständigkeit und Unabhängigkeit zu wahren. Es verdeutlicht die Ironie, dass diese Ablehnung letztendlich eine Form des Stolzes darstellt. Oft neigen Menschen dazu zu glauben, dass sie alles alleine bewältigen müssen, um stark und unabhängig zu wirken. Doch dieses Zitat lenkt die Aufmerksamkeit auf die Tatsache, dass wahre Stärke darin liegt, die eigene Verletzlichkeit anzuerkennen und Unterstützung anzunehmen, wenn sie angeboten wird.
In einer Gesellschaft, die oft den Fokus auf Individualismus und Eigenständigkeit legt, erinnert uns dieses Zitat daran, dass es mutig ist, um Hilfe zu bitten und sie anzunehmen. Es lädt uns dazu ein, unser Verständnis von Stärke zu überdenken und anzuerkennen, dass Zusammenarbeit und Unterstützung uns letztendlich wachsen lassen und uns zu besseren Menschen machen können.

35.

"Die größte Offenbarung ist die Stille."

- LAO TZU

Lao Tzus tiefgründige Feststellung, dass die größte Offenbarung die Stille ist, öffnet eine Tür zur Tiefe und Klarheit, die in der Ruhe gefunden werden kann. Diese Aussage betont, wie die Stille nicht nur eine Abwesenheit von Lärm ist, sondern auch eine Quelle von Erkenntnis und Bewusstsein. Das Zitat ermutigt dazu, Momente der Stille zu schätzen und darin eine Gelegenheit zur Reflexion, Introspektion und Verbindung mit unserem inneren Selbst zu sehen. Es lädt dazu ein, die heilsame Wirkung der Stille auf unsere Gedanken, Gefühle und Wahrnehmungen zu erkunden und die Weisheit zu finden, die in der Abwesenheit von äußeren Ablenkungen liegt.

36.

"Handle stets so, als würde deine Handlung die Maxime einer allgemeinen Gesetzgebung werden."

- IMMANUEL KANT

Immanuel Kants ethische Maxime, dass man stets so handeln sollte, als würde die eigene Handlung zur Maxime einer allgemeinen Gesetzgebung werden, eröffnet eine tiefere Sicht auf die Prinzipien der Moral und des Handelns. Diese Feststellung betont, wie unser Verhalten nicht nur individuelle Auswirkungen hat, sondern auch ethische Implikationen für die Gesellschaft trägt. Das Zitat ermuntert dazu, unsere Entscheidungen und Taten durch eine universelle ethische Linse zu betrachten und zu hinterfragen, ob wir bereit wären, unsere Handlungsweise als allgemeingültiges Prinzip anzunehmen. Es lädt dazu ein, Verantwortung und Integrität in unserem Verhalten zu kultivieren und die moralischen Dimensionen unserer Entscheidungen zu bedenken.

37.

"Der Anfang ist die Hälfte des Ganzen."

- ARISTOTELES

Aristoteles' kluge Erkenntnis, dass der Anfang die Hälfte des Ganzen ist, öffnet eine Perspektive auf die Bedeutung der Anfänge in unserer Reise und unseren Bemühungen. Diese Aussage betont, wie die Art und Weise, wie wir einen Anfang setzen, den Weg für den gesamten Verlauf eines Projekts oder einer Unternehmung prägt. Das Zitat ermutigt dazu, Anfänge bewusst und mit Sorgfalt zu gestalten, um eine solide Basis für zukünftiges Wachstum und Entwicklung zu legen. Es lädt dazu ein, die Bedeutung von Planung, Engagement und Entschlossenheit von Anfang an zu erkennen und zu nutzen.

38.

"Die Zeit heilt keine Wunden, es ist die Art, wie man mit ihnen umgeht."

– MIRIAM ADENEY

Miriam Adeneys tiefgründige Einsicht, dass die Zeit keine Wunden heilt, sondern wie man mit ihnen umgeht, eröffnet eine Tür zur inneren Heilung und Verarbeitung von Trauma. Diese Feststellung betont, wie unsere Einstellung, Bewältigungsmechanismen und Selbstfürsorge entscheidend dafür sind, wie wir mit schwierigen Erfahrungen umgehen. Das Zitat ermutigt dazu, nicht passiv auf die Zeit zu vertrauen, sondern aktiv Schritte zu unternehmen, um Verletzungen zu heilen und zu wachsen. Es lädt dazu ein, Selbstreflexion, Mitgefühl und professionelle Unterstützung als Werkzeuge zur Bewältigung von Herausforderungen zu nutzen und die eigene Resilienz zu stärken.

39.

"Der Weg nach oben führt über die eigenen Grenzen hinaus."

- WILMA RUDOLPH

Wilma Rudolphs inspirierende Feststellung, dass der Weg nach oben über die eigenen Grenzen hinausführt, öffnet eine Tür zur Bedeutung von Mut und Durchhaltevermögen. Diese Aussage betont, wie persönliches Wachstum und Erfolg oft erfordern, unsere Komfortzone zu verlassen und die eigenen Fähigkeiten zu erweitern. Das Zitat ermutigt dazu, sich Herausforderungen anzunehmen und an sich selbst zu glauben, um höhere Ziele zu erreichen. Es lädt dazu ein, Hindernisse als Chancen zur Entwicklung zu sehen und den Willen zu haben, sich selbst kontinuierlich zu verbessern.

40.

"Nichts ist so stark wie die zarte Stärke."

- CARLO CARRETTO

Carlo Carrettos eindrucksvolle Erkenntnis, dass nichts so stark ist wie die zarte Stärke, eröffnet eine Perspektive auf die subtile, aber transformative Kraft von Empathie und Mitgefühl. Diese Botschaft betont, wie Sanftmut und Empfindsamkeit keineswegs Zeichen von Schwäche sind, sondern eine Form der Stärke, die das Potenzial hat, Herzen zu öffnen und Beziehungen zu heilen. Das Zitat ermutigt dazu, die Macht der Empathie zu erkennen und sich der tiefen Verbindung bewusst zu werden, die durch eine sanfte und mitfühlende Haltung geschaffen wird. Es lädt dazu ein, die Balance zwischen Standhaftigkeit und Sensibilität zu finden und zu erfahren, wie Zärtlichkeit eine transformative Kraft in der Welt sein kann.

41.

"Die beste Vorbereitung für morgen ist, heute dein Bestes zu geben."

- H. JACKSON BROWN JR.

H. Jackson Brown Jr.s ermutigende Aussage, dass die beste Vorbereitung für morgen darin besteht, heute dein Bestes zu geben, öffnet eine Tür zur Bedeutung von Engagement und Entschlossenheit im gegenwärtigen Moment. Diese Botschaft betont, wie unsere heutigen Anstrengungen und Hingabe den Grundstein für eine erfolgreiche Zukunft legen. Das Zitat ermutigt dazu, die Gegenwart bewusst zu gestalten und sich in jedem Augenblick vollständig einzubringen, um eine solide Grundlage für morgen zu schaffen. Es lädt dazu ein, Proaktivität und Integrität als Werkzeuge zur persönlichen und beruflichen Entwicklung zu nutzen.

42.

"Das Leben ist ein Echo – was du aussendest, kommt zu dir zurück."

– ZIG ZIGLAR

Zig Ziglars eingängige Feststellung, dass das Leben ein Echo ist - das, was du aussendest, kommt zu dir zurück, öffnet eine tiefere Perspektive auf Ursache und Wirkung in unserem Verhalten und unseren Beziehungen. Diese Aussage betont, wie unsere Handlungen, Gedanken und Emotionen eine Art energetisches Muster erzeugen, das sich auf unsere Erfahrungen auswirkt. Das Zitat ermutigt dazu, bewusst positive Energie, Freundlichkeit und Großzügigkeit auszustrahlen, um ähnliche Resonanzen im eigenen Leben zu erzeugen. Es lädt dazu ein, die Verantwortung für unsere Schwingungen und ihre Auswirkungen auf unser Umfeld zu erkennen und eine Kultur des gegenseitigen Wohlwollens zu schaffen.

43.

"Glücklich ist nicht, wer anderen so vorkommt, sondern wer sich selbst dafür hält."

– Seneca

Senecas kluge Erkenntnis, dass Glücklichsein nicht darin liegt, wie man anderen erscheint, sondern wie man sich selbst empfindet, eröffnet eine Tür zur inneren Zufriedenheit und Selbstakzeptanz. Diese Botschaft betont, wie das Streben nach äußerer Anerkennung und Vergleich mit anderen oft nicht zu wahrem Glück führt. Das Zitat ermutigt dazu, die eigene Selbstwahrnehmung als Maßstab für Glück zu nutzen und sich von den Erwartungen anderer zu lösen. Es lädt dazu ein, Selbstliebe und Authentizität als Grundlage für ein erfülltes Leben zu kultivieren und den Wert der inneren Harmonie zu schätzen.

44.

"Die wahre Lebenskunst besteht darin, im Alltäglichen das Wunderbare zu sehen."

-PEARL S. BUCK

Pearl S. Bucks inspirierende Erkenntnis, dass die wahre Lebenskunst darin besteht, im Alltäglichen das Wunderbare zu sehen, öffnet eine Tür zur Wertschätzung und Achtsamkeit für die kleinen Schätze des Lebens. Diese Botschaft betont, wie das Finden von Schönheit und Freude in den alltäglichen Momenten eine Quelle des Glücks und der Erfüllung sein kann. Das Zitat ermutigt dazu, die Gewohnheit der Achtsamkeit zu entwickeln und den Blick für die kleinen Details und Freuden zu schärfen, die oft übersehen werden. Es lädt dazu ein, das Leben bewusst zu genießen und die Fähigkeit zu kultivieren, das Wunderbare im Gewöhnlichen zu entdecken.

45.

"Der Verstand kann uns sagen, was wir unterlassen sollen. Aber das Herz kann uns sagen, was wir tun müssen."

- JOSEPH JOUBERT

Joseph Jouberts weise Feststellung, dass der Verstand uns sagen kann, was wir unterlassen sollen, aber das Herz uns sagen kann, was wir tun müssen, eröffnet eine tiefere Sicht auf die Verbindung zwischen Vernunft und Intuition. Diese Aussage betont, wie unser Verstand rationale Entscheidungen treffen kann, während das Herz eine tiefere Weisheit und Authentizität in uns trägt. Das Zitat ermutigt dazu, sowohl auf die Stimme des Verstandes als auch auf die Intuition des Herzens zu hören und eine Balance zwischen logischem Denken und emotionaler Resonanz zu finden. Es lädt dazu ein, Entscheidungen nicht nur auf Fakten, sondern auch auf unseren inneren Werten und Leidenschaften basieren zu lassen.

46.

"Das Schönste, was wir erleben können, ist das Geheimnisvolle."

- ALBERT EINSTEIN

Albert Einsteins faszinierende Einsicht, dass das Schönste, was wir erleben können, das Geheimnisvolle ist, öffnet eine Tür zur Neugierde und Ehrfurcht vor dem Unbekannten. Diese Feststellung betont, wie die Suche nach Wissen, Erkenntnis und Erfahrungen oft von der Faszination für das Unbekannte angetrieben wird. Das Zitat ermutigt dazu, die Freude der Entdeckung und den Reiz des Mysteriösen zu schätzen. Es lädt dazu ein, die Welt mit offenen Augen und einem neugierigen Geist zu betrachten, um die Schönheit und Tiefe des Geheimnisvollen zu erforschen und zu bewundern.

47.

"Man kann niemanden überholen, wenn man in seine Fußstapfen tritt."

-FRANÇOIS TRUFFAUT

François Truffauts pointierte Feststellung, dass man niemanden überholen kann, wenn man in seine Fußstapfen tritt, öffnet eine tiefere Sicht auf die Notwendigkeit der Individualität und Originalität. Diese Aussage betont, wie das Streben nach persönlichem Wachstum und Erfolg erfordert, mutig neue Wege zu gehen und sich von vorgezeichneten Pfaden zu lösen. Das Zitat ermutigt dazu, die eigene Einzigartigkeit anzuerkennen und kreative Lösungen zu finden, um sich von der Masse abzuheben. Es lädt dazu ein, Risiken einzugehen und den eigenen Weg zu gestalten, um Fortschritt und Weiterentwicklung zu ermöglichen.

48.

"Die größte Revolution in der Geschichte der Menschheit ist die Entdeckung, dass Menschen durch veränderte Denkweisen verändert werden können."

- ALBERT SCHWEITZER

Albert Schweitzers tiefgreifende Erkenntnis, dass die größte Revolution in der Geschichte der Menschheit darin liegt, dass Menschen durch veränderte Denkweisen verändert werden können, öffnet eine Tür zur Macht der Mentalität und zur Möglichkeit des persönlichen Wachstums. Diese Botschaft betont, wie das Überdenken von Überzeugungen und das Annehmen neuer Perspektiven zu tiefgreifenden Veränderungen in Individuen und Gesellschaften führen können. Das Zitat ermutigt dazu, die Fähigkeit zur geistigen Flexibilität und Selbstreflexion zu nutzen, um persönliche Entwicklung und positive soziale Transformation zu erreichen. Es lädt dazu ein, die eigene Denkweise bewusst zu hinterfragen und offen für neue Ideen und Sichtweisen zu sein.

49.

"Die einzige Konstante im Leben ist die Veränderung."

– HERAKLIT

Heraklits zeitlose Erkenntnis, dass die einzige Konstante im Leben die Veränderung ist, öffnet eine tiefere Perspektive auf die Natur des Lebens und der Realität. Diese Botschaft betont, wie Veränderung ein inhärenter Teil des Lebens ist und wie alles im ständigen Fluss ist. Das Zitat ermutigt dazu, die Fähigkeit zur Anpassung und Akzeptanz von Veränderungen zu entwickeln. Es lädt dazu ein, Veränderungen nicht als Bedrohung, sondern als natürlichen Bestandteil des Lebens zu sehen und die eigene Flexibilität im Umgang mit den ständigen Veränderungen zu stärken.

50.

"Die Zeit vergeht nicht schneller als früher, aber wir laufen eiliger an ihr vorbei."

- GEORGE ORWELL

George Orwells bemerkenswerte Einsicht, dass die Zeit nicht schneller vergeht als früher, aber wir eilen eiliger an ihr vorbei, öffnet eine Sichtweise auf den Umgang mit Zeit und Achtsamkeit im modernen Leben. Diese Feststellung betont, wie der Eindruck von beschleunigter Zeit oft mit der Hektik und Eile des Alltags verbunden ist. Das Zitat ermutigt dazu, bewusster mit der Zeit umzugehen, innezuhalten und den gegenwärtigen Moment zu schätzen. Es lädt dazu ein, die Gewohnheit der Eile zu hinterfragen und die Fähigkeit zur Gegenwärtigkeit zu entwickeln, um das Leben bewusst zu leben.

51.

"Wenn du Frieden in dir findest, wirst du ein Spiegelbild des Friedens in der Welt sein."

- MAHARISHI MAHESH YOGI

Maharishi Mahesh Yogis weise Feststellung, dass man Frieden in sich selbst finden muss, um ein Spiegelbild des Friedens in der Welt zu sein, öffnet eine Perspektive auf die Verbindung zwischen innerem Frieden und äußerem Wohlstand. Diese Aussage betont, wie persönliche Ausgeglichenheit und Ruhe die Grundlage für positive Veränderungen in der Welt bilden. Das Zitat ermutigt dazu, die eigene innere Welt zu pflegen und auf innere Harmonie hinzuarbeiten, um das Umfeld positiv zu beeinflussen. Es lädt dazu ein, die Kraft der persönlichen Transformation zu erkennen und den Wunsch nach Frieden im Herzen als Quelle für positive Veränderungen in der Gesellschaft zu nutzen.

52.

"Die wahre Stärke zeigt sich in der Gelassenheit."

- YODA

Yodas erhellende Erkenntnis, dass die wahre Stärke in der Gelassenheit liegt, öffnet eine tiefere Sicht auf inneren Frieden und Kontrolle. Diese Botschaft betont, wie die Fähigkeit, inmitten von Herausforderungen und Stress ruhig zu bleiben, eine höhere Form der Stärke darstellt. Das Zitat ermutigt dazu, die Macht der Selbstbeherrschung und der Gelassenheit in stressigen Situationen zu nutzen. Es lädt dazu ein, sich von impulsiven Reaktionen zu lösen und stattdessen mit Besonnenheit und innerer Ruhe zu agieren, um eine echte und nachhaltige Stärke zu zeigen.

53.

"Die Welt ist voller Schönheit, wie ein Märchen. Aber die meisten Menschen sehen sie nicht."

- HANS CHRISTIAN ANDERSEN

Hans Christian Andersens poetische Erkenntnis, dass die Welt voller Schönheit ist wie ein Märchen, aber die meisten Menschen sie nicht sehen, eröffnet eine Tür zur Wertschätzung und Aufmerksamkeit für die Schönheit des Lebens. Diese Aussage betont, wie die Schönheit und das Wunderbare oft übersehen werden, wenn man sich auf das Alltägliche konzentriert. Das Zitat ermutigt dazu, bewusster zu sein und die Umgebung mit offenen Augen und einem Staunen zu betrachten, das dem eines Kindes ähnelt. Es lädt dazu ein, die Fähigkeit zur Wertschätzung der Welt um uns herum zu entwickeln und die verborgene Schönheit in den kleinen Dingen des Lebens zu entdecken.

54.

"Wenn du die Absicht hast, dich zu erneuern, tu es jeden Tag."

– KONFUZIUS

Konfuzius' kluge Erkenntnis, dass Erneuerung mit der Absicht beginnt und täglich praktiziert werden kann, eröffnet eine tiefere Perspektive auf kontinuierliche Verbesserung. Diese Botschaft betont, wie persönliche Veränderung nicht durch einen großen Wandel, sondern durch kleine, konsequente Schritte erreicht wird. Das Zitat ermutigt dazu, bewusst die Absicht zur Selbstverbesserung zu setzen und jeden Tag Schritte in diese Richtung zu unternehmen. Es lädt dazu ein, die Macht der Gewohnheit und der Selbstreflexion zu nutzen, um stetig zu wachsen und sich selbst zu erneuern.

55.

"Sei du selbst, alle anderen gibt es schon."

- OSCAR WILDE

Oscar Wildes schlagfertige Bemerkung, dass man einfach man selbst sein sollte, weil alle anderen bereits vergeben sind, eröffnet eine humorvolle Perspektive auf Individualität und Originalität. Diese Aussage betont, wie die Authentizität in der eigenen Persönlichkeit den Schlüssel zum Ausdruck des Selbst darstellt. Das Zitat ermutigt dazu, sich nicht durch den Wunsch nach Anpassung an andere beeinflussen zu lassen, sondern stolz die eigene Einzigartigkeit zu leben. Es lädt dazu ein, den Wert der eigenen Identität zu erkennen und sich selbst ohne Vorbehalt zu akzeptieren.

56.

"Nichts ist so wertvoll wie der gegenwärtige Moment."

- RAINER MARIA RILKE

Rainer Maria Rilkes tiefgründige Feststellung, dass nichts so wertvoll ist wie der gegenwärtige Moment, öffnet eine Tür zur Bedeutung von Achtsamkeit und Präsenz. Diese Botschaft betont, wie die Fähigkeit, bewusst im Hier und Jetzt zu leben, eine Quelle von Zufriedenheit und Erfüllung sein kann. Das Zitat ermutigt dazu, die Vergangenheit loszulassen und sich weniger um die Zukunft zu sorgen, um den Wert der Gegenwart zu schätzen. Es lädt dazu ein, das Leben bewusst zu erleben, sich von Ablenkungen zu befreien und die Schönheit des gegenwärtigen Moments in all seiner Einfachheit zu erfassen.

57.

"Es ist besser, ein einziges kleines Licht anzuzünden, als über die Dunkelheit zu klagen."

- KONFUZIUS

Konfuzius' weise Erkenntnis, dass es besser ist, ein kleines Licht anzuzünden, als über die Dunkelheit zu klagen, eröffnet eine tiefere Sicht auf Verantwortung und Handeln. Diese Aussage betont, wie das Streben nach Veränderung und Positivität nicht in der Kritik, sondern in konstruktiver Tat besteht. Das Zitat ermutigt dazu, sich als Teil der Lösung zu sehen und konkrete Schritte zu unternehmen, um Licht in die Dunkelheit zu bringen. Es lädt dazu ein, die eigene Fähigkeit zur Beeinflussung der Umgebung anzuerkennen und die Verantwortung zu übernehmen, positive Veränderungen zu bewirken.

58.

"Der Weg zur Größe führt durch die Schwäche."

– SWAMI SIVANANDA

Swami Sivanandas tiefgründige Aussage, dass der Weg zur Größe durch die Schwäche führt, eröffnet eine Perspektive auf Wachstum und Lernen aus Herausforderungen. Diese Botschaft betont, wie Schwächen und Rückschläge oft die Gelegenheit bieten, Stärke und Resilienz zu entwickeln. Das Zitat ermutigt dazu, Schwächen nicht als Hindernisse, sondern als Treppenstufen zur Verbesserung zu sehen. Es lädt dazu ein, demütig genug zu sein, um aus Fehlern zu lernen, und die Herausforderungen des Lebens als Chancen zur Entwicklung zu nutzen.

59.

"Die Sprache der Freundschaft sind nicht Worte, sondern Bedeutungen."

- HENRY DAVID THOREAU

Henry David Thoreaus tiefgründige Erkenntnis, dass die Sprache der Freundschaft nicht in Worten besteht, sondern in Bedeutungen, öffnet eine Tür zur Tiefe und Bedeutung von echten zwischenmenschlichen Verbindungen. Diese Botschaft betont, wie wahre Freundschaft auf einer gemeinsamen Verständigung und Verbundenheit basiert, die über bloße Worte hinausgeht. Das Zitat ermutigt dazu, sich auf eine tiefere Ebene der Kommunikation einzulassen, in der nonverbale Signale, Empathie und emotionale Resonanz eine wichtige Rolle spielen. Es lädt dazu ein, die Qualität der Beziehungen anhand der tieferen Bedeutungen zu bewerten, die sie tragen, und die Fähigkeit zu entwickeln, Verbindungen auf einer authentischen und bedeutungsvollen Ebene zu schaffen.

60.

"Das Leben ist wie Fahrradfahren. Um das Gleichgewicht zu halten, musst du in Bewegung bleiben."

- ALBERT EINSTEIN

Albert Einsteins bildhafte Erklärung, dass das Leben wie Fahrradfahren ist und um das Gleichgewicht zu halten, man in Bewegung bleiben muss, eröffnet eine metaphorische Perspektive auf das stetige Streben nach Ausgeglichenheit und Fortschritt. Diese Feststellung betont, wie das Gleichgewicht im Leben oft durch kontinuierliche Bewegung und Anstrengung erhalten wird. Das Zitat ermutigt dazu, aktiv zu bleiben und sich ständig in Richtung Wachstum und Verbesserung zu bewegen, um das Gleichgewicht zwischen verschiedenen Aspekten des Lebens zu wahren. Es lädt dazu ein, das Leben als dynamischen Prozess der Anpassung und Weiterentwicklung zu sehen.

61.

"Wir sind, was wir denken. Alles, was wir sind, entsteht aus unseren Gedanken."

– BUDDHA

Buddhas weise Einsicht, dass wir sind, was wir denken und alles, was wir sind, aus unseren Gedanken entsteht, öffnet eine Tür zur Kraft des Geistes und der Selbstgestaltung. Diese Botschaft betont, wie unsere Gedanken unser Verhalten, unsere Einstellungen und letztlich unsere Realität formen. Das Zitat ermutigt dazu, die eigene Gedankenwelt bewusst zu lenken und eine positive Denkweise zu kultivieren. Es lädt dazu ein, die Verantwortung für unsere Gedanken und die daraus resultierenden Handlungen zu übernehmen, um unser Leben aktiv zu gestalten und eine positive innere Welt zu erschaffen.

62.

"Sei dankbar für das, was du hast; du wirst endlos haben, wenn du mit dem zufrieden bist, was du bist."

- OPRAH WINFREY

Oprah Winfreys einfühlsame Feststellung, dass man dankbar für das sein sollte, was man hat, und endlos haben wird, wenn man mit dem zufrieden ist, was man ist, eröffnet eine Perspektive auf Wertschätzung und innere Zufriedenheit. Diese Aussage betont, wie das Streben nach äußeren Besitztümern und Erfolgen oft nicht zu dauerhaftem Glück führt. Das Zitat ermutigt dazu, die Bedeutung der Selbstakzeptanz und der Wertschätzung für das Hier und Jetzt zu erkennen. Es lädt dazu ein, die Gewohnheit der Dankbarkeit zu kultivieren und zu erkennen, dass wahre Fülle in der inneren Einstellung und der Wertschätzung für das gegenwärtige Leben liegt.

63.

"Die größte Freiheit ist, zu erkennen, wer du wirklich bist."

-JIDDU KRISHNAMURTI

Jiddu Krishnamurtis tiefgründige Erkenntnis, dass die größte Freiheit darin liegt, zu erkennen, wer man wirklich ist, öffnet eine Tür zur Selbstakzeptanz und inneren Freiheit. Diese Botschaft betont, wie die Fähigkeit, sich von Konzepten und Masken zu lösen und die eigene wahre Natur zu erkennen, eine befreiende Erfahrung sein kann. Das Zitat ermutigt dazu, den Weg der Selbsterkenntnis zu beschreiten und die äußeren Erwartungen und Urteile loszulassen, um eine tiefere Verbindung mit sich selbst herzustellen. Es lädt dazu ein, die eigene Identität bewusst zu erforschen und die eigene Einzigartigkeit mit offenen Augen zu sehen.

64.

"Nichts existiert außerhalb des Jetzt."

- ECKHART TOLLE

Eckhart Tolles einfache Feststellung, dass nichts außerhalb des Jetzt existiert, öffnet eine Perspektive auf die Bedeutung von Präsenz und Gegenwärtigkeit. Diese Aussage betont, wie die Kraft des gegenwärtigen Moments oft übersehen wird, wenn man sich auf Vergangenheit oder Zukunft konzentriert. Das Zitat ermutigt dazu, bewusster im Hier und Jetzt zu leben und die Gegenwart als die einzige Realität zu erkennen. Es lädt dazu ein, sich von Sorgen um die Zukunft und Grübeleien über die Vergangenheit zu lösen und die Fülle des gegenwärtigen Augenblicks zu schätzen.

65.

"Die Zeit heilt keine Wunden, es ist die Liebe, die wir geben, die heilt."

- MUTTER TERESA

Mutter Teresas einfühlsame Erkenntnis, dass die Zeit keine Wunden heilt, sondern die Liebe, die wir geben, öffnet eine Sichtweise auf die heilende Kraft zwischenmenschlicher Verbindung. Diese Botschaft betont, wie die liebevolle Unterstützung und Empathie, die wir anderen schenken, eine heilende Wirkung auf emotionalen Schmerz und Leid haben kann. Das Zitat ermutigt dazu, Mitgefühl als Werkzeug der Heilung zu erkennen und aktive Bemühungen um gegenseitige Unterstützung zu unternehmen. Es lädt dazu ein, die positive Wirkung von Liebe und Mitgefühl in unserem eigenen Leben und in den Leben anderer zu erkennen und zu fördern.

66.

"Sei der Dirigent deines Lebens, nicht nur das Blatt im Wind."

- RALPH WALDO EMERSON

Ralph Waldo Emersons eindringliche Aufforderung, der Dirigent des eigenen Lebens zu sein und nicht nur das Blatt im Wind, öffnet eine Perspektive auf persönliche Verantwortung und Selbstbestimmung. Diese Aussage betont, wie wichtig es ist, aktiv die Kontrolle über das eigene Leben zu übernehmen und bewusst Entscheidungen zu treffen, anstatt passiv den äußeren Einflüssen nachzugeben. Das Zitat ermutigt dazu, sich als Gestalter des eigenen Schicksals zu sehen und mutig die Richtung des Lebens zu bestimmen. Es lädt dazu ein, die Macht der Wahl zu erkennen und die Führung über das eigene Leben bewusst in die eigenen Hände zu nehmen.

67.

"Die Freiheit des Denkens ist ein Zeichen von Bildung."

- EPIKTET

Epiktets klare Erkenntnis, dass die Freiheit des Denkens ein Zeichen von Bildung ist, öffnet eine Tür zur Bedeutung von geistiger Unabhängigkeit und kritischem Denken. Diese Botschaft betont, wie Bildung nicht nur das Anhäufen von Wissen ist, sondern auch die Fähigkeit beinhaltet, eigenständig zu denken und Informationen kritisch zu bewerten. Das Zitat ermutigt dazu, intellektuell offen und neugierig zu sein, unabhängig von äußeren Einflüssen zu denken und die Fähigkeit zur kritischen Reflexion zu schärfen. Es lädt dazu ein, die Freiheit des Denkens als Fundament für persönliches Wachstum und bewusste Entscheidungsfindung zu schätzen.

68.

"Die Glückseligkeit des Menschen liegt nicht darin, dass er sich für etwas entscheidet, sondern darin, dass er die Wahl hat."

- MILAN KUNDERA

Milan Kunderas tiefgreifende Erkenntnis, dass die Glückseligkeit des Menschen nicht in der bloßen Wahl einer Option liegt, sondern in der Tatsache, dass er die Wahl hat, öffnet eine Perspektive auf die Bedeutung der Freiheit und der Möglichkeit zur Selbstbestimmung. Diese Feststellung betont, wie die Fähigkeit zur Wahl eine Quelle der Autonomie und des Glücks sein kann, unabhängig von den konkreten Entscheidungen. Das Zitat ermutigt dazu, die Schönheit der freien Wahl zu erkennen und die Vielfalt der Möglichkeiten zu schätzen, die das Leben bietet. Es lädt dazu ein, die innere Freiheit als eine kostbare Ressource zu betrachten und die Bedeutung von Wahlfreiheit für die individuelle Lebenserfahrung zu verstehen.

69.

"Deine Vision wird klar, wenn du ins Herz schaust. Wer nach außen schaut, träumt. Wer nach innen schaut, erwacht."

– CARL GUSTAV JUNG

Carl Gustav Jungs tiefgründige Einsicht, dass die Vision klar wird, wenn man ins Herz schaut, öffnet eine Tür zur Selbsterkenntnis und zur Kraft der inneren Reflexion. Diese Aussage betont, wie die wahre Erkenntnis und Klarheit oft aus dem inneren Verstehen und Bewusstwerden erwachsen. Das Zitat ermutigt dazu, die Aufmerksamkeit nach innen zu lenken, um die eigenen Motivationen, Träume und Ängste zu erkennen. Es lädt dazu ein, die innere Reise der Selbsterforschung anzutreten, um eine tiefere Verbindung mit der eigenen Vision und den eigenen Wünschen herzustellen.

70.

"Es ist nicht genug zu wissen, man muss auch anwenden. Es ist nicht genug zu wollen, man muss auch tun."

- JOHANN WOLFGANG VON GOETHE

Johann Wolfgang von Goethes treffende Feststellung, dass es nicht ausreicht, Wissen zu besitzen, sondern man es auch anwenden muss, öffnet eine Perspektive auf die Bedeutung von Handeln und Umsetzung. Diese Botschaft betont, wie das Wissen nur dann seinen wahren Wert entfaltet, wenn es aktiv angewendet wird. Das Zitat ermutigt dazu, nicht nur in der Theorie zu bleiben, sondern das Gelernte in die Tat umzusetzen. Es lädt dazu ein, den Weg der Umsetzung zu beschreiten und die eigene Tätigkeit mit dem erworbenen Wissen zu verbinden, um tatsächliche Veränderungen zu bewirken.

71.

"Der Mensch kann den höchsten Gipfel der Erkenntnis erreichen, wenn er sich selbst erkennt."

- SØREN KIERKEGAARD

Søren Kierkegaards tiefgreifende Erkenntnis, dass der Mensch den höchsten Gipfel der Erkenntnis erreicht, wenn er sich selbst erkennt, öffnet eine Tür zur Selbstreflexion und zur Suche nach tieferem Verständnis. Diese Aufforderung betont, wie die wahre Weisheit oft in der Selbsterkenntnis und in der Fähigkeit liegt, das eigene Innerste zu erforschen. Das Zitat ermutigt dazu, die eigene Identität und die eigenen Motivationen zu hinterfragen, um eine tiefere Einsicht in das eigene Wesen zu erhalten. Es lädt dazu ein, die innere Reise zur Selbstverwirklichung als Quelle der Erkenntnis und des Wachstums zu sehen.

72.

"Was du tust, spricht so laut, dass ich nicht hören kann, was du sagst."

- RALPH WALDO EMERSON

In diesen eindringlichen Worten von Ralph Waldo Emerson liegt eine tiefgründige Erkenntnis über die Bedeutung von Kongruenz zwischen Handlungen und Worten. Das Zitat betont, dass das Verhalten einer Person oft lauter spricht als ihre verbalen Äußerungen.
Die Botschaft dieses Zitats ist zeitlos. Sie erinnert daran, wie bedeutungsvoll es ist, Echtheit und Integrität in unserem Verhalten zu verkörpern. Es lädt dazu ein, nicht nur schöne Worte zu äußern, sondern auch durch unsere Taten zu zeigen, wer wir wirklich sind. Indem wir unsere Handlungen mit unseren Aussagen in Einklang bringen, können wir Vertrauen aufbauen und unseren Charakter auf authentische Weise zum Ausdruck bringen.

73.

"Man erntet, was man sät."

- GALATER 6:7

Die biblische Weisheit "Man erntet, was man sät" aus Galater 6:7 öffnet eine Perspektive auf Ursache und Wirkung in unserem Handeln. Diese Aussage betont, wie die Konsequenzen unserer Taten oft mit den Entscheidungen und Aktionen verbunden sind, die wir zuvor getroffen haben. Das Zitat ermutigt dazu, bewusst die Qualität unserer Handlungen zu überdenken, da sie Einfluss auf das haben, was wir im Leben erfahren. Es lädt dazu ein, mit Weisheit und Integrität zu handeln, um eine erfreuliche Ernte in Form von Erfolg, Glück und positiven Beziehungen zu erzielen.

74.

"Unsere tiefste Angst ist nicht, dass wir unzulänglich sind. Unsere tiefste Angst ist, dass wir unermesslich machtvoll sind."

- MARIANNE WILLIAMSON

Das besagte Zitat von Marianne Williamson betont die Idee, dass unsere tiefste Angst nicht darin liegt, dass wir uns für unzulänglich halten, sondern vielmehr in der Furcht vor unserer eigenen erstaunlichen Stärke und Macht. Diese Aussage lädt dazu ein, unsere Ängste in Bezug auf unsere Fähigkeiten zu überdenken und anzuerkennen, dass wir oft aus Sorge vor unserem eigenen Potenzial zurückweichen. Das Zitat erinnert daran, wie wir uns manchmal selbst begrenzen, weil wir befürchten, dass unsere Größe andere verunsichern oder herausfordern könnte. Es lädt uns ein, unsere Unsicherheiten zu überwinden und unser volles Potenzial anzunehmen, ohne uns von Ängsten beeinflussen zu lassen.

Insgesamt drückt das Zitat die Botschaft aus, dass es befreiend ist, unsere wahre Stärke anzuerkennen und sie zu nutzen, anstatt uns von Selbstzweifeln oder Ängsten zurückhalten zu lassen. Es ermutigt dazu, mutig voranzuschreiten und die eigene Macht in positive Bahnen zu lenken, um nicht nur für uns selbst, sondern auch für andere eine positive Veränderung zu bewirken.

75.

"Die wahren Abenteuer sind im Geist."

- TEILHARD DE CHARDIN

Pierre Teilhard de Chardins inspirierende Erkenntnis, dass die wahren Abenteuer im Geist liegen, öffnet eine Perspektive auf die innere Entdeckungsreise und die Kraft der Vorstellungskraft. Diese Aussage betont, wie die Fähigkeit, in Gedanken zu reisen und neue Ideen zu erforschen, eine Quelle der Abenteuerlust sein kann, die jenseits physischer Grenzen liegt. Das Zitat ermutigt dazu, die Kreativität und den Geist als Instrumente der Erkundung und Inspiration zu nutzen. Es lädt dazu ein, die innere Welt zu erkunden und den Mut zu haben, neue Horizonte in der Vorstellungskraft zu öffnen.

76.

"Das Leben ist kurz, und die Zeit verrinnt wie Wasser aus den Fingern."

- CHARLES CALEB COLTON

Charles Caleb Coltons treffende Worte, dass das Leben kurz ist und die Zeit wie Wasser aus den Fingern verrinnt, öffnen eine Perspektive auf die Kostbarkeit der Zeit und die Wichtigkeit der Wertschätzung jeder Moment. Diese Feststellung betont, wie schnell die Zeit vergeht und wie wichtig es ist, das Leben bewusst zu leben und die Zeit weise zu nutzen. Das Zitat ermutigt dazu, die Vergänglichkeit des Lebens zu erkennen und die eigenen Prioritäten darauf auszurichten, bedeutsame Erfahrungen zu schaffen. Es lädt dazu ein, achtsam mit der Zeit umzugehen und bewusst im gegenwärtigen Moment zu leben.

77.

"Wenn wir das Leben bejahen, erblüht die Freude."

- THICH NHAT HANH

Thich Nhat Hanhs weise Erkenntnis, dass die Freude erblüht, wenn wir das Leben bejahen, öffnet eine Tür zur positiven Einstellung und zur Kraft der Annahme. Diese Botschaft betont, wie die Fähigkeit, das Leben in all seinen Facetten anzunehmen und zu schätzen, eine Quelle der Freude sein kann. Das Zitat ermutigt dazu, eine Haltung der Dankbarkeit und Offenheit zu kultivieren, um die Freude in den kleinen und großen Momenten des Lebens zu entdecken. Es lädt dazu ein, die Schönheit im Alltag zu erkennen und die Freude als natürlichen Ausdruck des Lebens zu empfinden.

78.

"Glück ist, das zu tun, was du liebst, und Liebe ist, das zu lieben, was du tust."

- RUMI

Rumis tiefgründige Erkenntnis, dass Glück darin liegt, das zu tun, was man liebt, und Liebe darin besteht, das zu lieben, was man tut, öffnet eine Perspektive auf die Verbindung zwischen Leidenschaft und Erfüllung. Diese Aussage betont, wie die Hingabe an Aktivitäten, die das Herz erfreuen, und die tiefe Zuneigung zu dem, was man tut, eine Quelle des Glücks und der bedingungslosen Liebe sein können. Das Zitat ermutigt dazu, die Verbindung zwischen den eigenen Interessen und den Handlungen, die man ausführt, zu erkennen und die Bedeutung der inneren Ausrichtung auf Freude und Liebe zu schätzen.

79.

"Der Wert eines Menschen misst sich daran, wie viel Güte er in die Welt bringt."

- ELLEN DEGENERES

In diesem inspirierenden Zitat von Ellen DeGeneres liegt eine bedeutungsvolle Botschaft über die transformative Kraft von Güte und Mitgefühl. Das Zitat betont, dass der wahre Wert eines Menschen nicht an äußeren Maßstäben, sondern an der positiven Wirkung gemessen wird, die er auf andere und die Welt hat.

Die Botschaft dieses Zitats ist zeitlos. Sie lädt dazu ein, großzügig und rücksichtsvoll zu sein, da die Handlungen, die wir setzen, die Welt auf positive Weise beeinflussen können. Indem wir Güte in unsere Interaktionen einfließen lassen, gestalten wir nicht nur unser eigenes Leben, sondern tragen auch dazu bei, eine Kultur der Empathie und des Miteinanders zu fördern.

80.

"In der Stille finden wir Antworten."

- ZIG ZIGLAR

Zig Ziglars prägnante Aussage, dass wir in der Stille Antworten finden, öffnet eine Perspektive auf die Bedeutung von innerer Ruhe und Reflexion. Diese Botschaft betont, wie oft wir in der hektischen Welt der Geräusche und Ablenkungen nach innen gehen müssen, um Klarheit und Einsicht zu erlangen. Das Zitat ermutigt dazu, bewusst Momente der Stille zu suchen, um die eigene Intuition und Weisheit zu nutzen. Es lädt dazu ein, die Kraft der inneren Ruhe zu schätzen und in der Stille Antworten auf Fragen zu finden, die im hektischen Alltag oft überhört werden.

81.

"Der Tod ist keine Exkursion in die Dunkelheit, sondern eine Reise nach Hause."

- JOHN TAYLOR

John Taylors tiefgründige Erkenntnis, dass der Tod keine Exkursion in die Dunkelheit ist, sondern eine Reise nach Hause, öffnet eine Tür zur spirituellen Perspektive auf das Leben und den Tod. Diese Aufforderung betont, wie der Tod als Übergang gesehen werden kann, der uns zurück in die Quelle unseres Seins führt. Das Zitat ermutigt dazu, den Tod als Teil des natürlichen Zyklus des Lebens zu begreifen und eine tiefere Verbindung zur eigenen spirituellen Natur zu suchen. Es lädt dazu ein, den Tod als Heimkehr zu verstehen, die in der Dunkelheit der Unbekanntheit oft eine höhere Bedeutung offenbart.

82.

"Jeder Tag ist eine Gelegenheit, die Welt mit Freundlichkeit zu berühren."

- OPRAH WINFREY

Oprah Winfreys ermutigende Botschaft, dass jeder Tag eine Gelegenheit ist, die Welt mit Freundlichkeit zu berühren, öffnet eine Perspektive auf die Macht des Mitgefühls und der positiven Beeinflussung. Diese Feststellung betont, wie jede Handlung, die von Freundlichkeit und Liebe geprägt ist, eine Wirkung auf andere und die Welt als Ganzes haben kann. Das Zitat ermutigt dazu, bewusst Momente der Freundlichkeit zu schaffen und die eigenen Handlungen mit einer positiven Absicht zu verbinden. Es lädt dazu ein, die eigene Fähigkeit zur positiven Beeinflussung der Welt zu erkennen und die Gelegenheiten zur Freundlichkeit zu nutzen.

83.

"Wenn du dich selbst verstehen willst, dann versteh die anderen zuerst."

- IMAM ALI

Imam Alis kluge Erkenntnis, dass man sich selbst verstehen kann, indem man zuerst andere versteht, öffnet eine Tür zur Empathie und zum Erkenntnisgewinn. Diese Aussage betont, wie die Fähigkeit, sich in andere Menschen hineinzuversetzen und ihre Perspektiven zu verstehen, uns nicht nur mit anderen, sondern auch mit uns selbst verbindet. Das Zitat ermutigt dazu, die Wichtigkeit von Empathie und Mitgefühl zu erkennen und die eigenen inneren Prozesse durch das Verstehen der anderen zu beleuchten. Es lädt dazu ein, die Verbindung zwischen Selbstverstehen und Mitgefühl zu schätzen und die Bereitschaft zu fördern, aus den Erfahrungen anderer zu lernen.

84.

"Die größte Wahrheit ist Einfachheit."

- LEO TOLSTOI

Leo Tolstois Aussage "Die größte Wahrheit ist Einfachheit" betont die tiefe Weisheit, die in der Schlichtheit liegt. Oft sind es die grundlegenden Konzepte und unkomplizierten Gedanken, die die tiefsten Erkenntnisse bringen. Diese Botschaft lädt dazu ein, über den Trubel der Komplexität hinauszugehen und in den grundlegenden Aspekten des Lebens nach Klarheit und Tiefe zu suchen. Es ermutigt uns, die Schönheit der Einfachheit zu schätzen und sie als Quelle der Erkenntnis und des Verständnisses zu erkennen.

85.

"Das Ziel des Lebens ist Selbstentfaltung."

- Oscar Wilde

Oscar Wildes klare Erkenntnis, dass das Ziel des Lebens die Selbstentfaltung ist, öffnet eine Perspektive auf persönliche Entwicklung und Wachstum. Diese Aussage betont, wie das Streben danach, das eigene Potenzial zu entfalten und die eigenen Fähigkeiten zu entwickeln, eine treibende Kraft für ein erfülltes Leben ist. Das Zitat ermutigt dazu, die eigene Weiterentwicklung als vorrangiges Ziel zu sehen und die Fähigkeit zur Selbstreflexion und zur kontinuierlichen Verbesserung zu nutzen. Es lädt dazu ein, die eigene Leidenschaft zu finden und das Leben bewusst in Richtung Selbstverwirklichung zu lenken.

86.

"Der einzige Weg, großartige Arbeit zu leisten, besteht darin, zu lieben, was du tust."

- STEVE JOBS

Steve Jobs' prägnante Feststellung, dass der einzige Weg, großartige Arbeit zu leisten, darin besteht, zu lieben, was man tut, öffnet eine Tür zur Verbindung zwischen Leidenschaft und Exzellenz. Diese Botschaft betont, wie die Hingabe an eine Tätigkeit, die man liebt, den Weg zu außergewöhnlichen Ergebnissen ebnet. Das Zitat ermutigt dazu, berufliche Tätigkeiten nicht nur als Pflicht, sondern als Gelegenheit zur kreativen Entfaltung zu sehen. Es lädt dazu ein, das eigene Interesse zu finden und die Begeisterung in die Arbeit zu integrieren, um Erfolg und Erfüllung zu erreichen.

87.

"Manchmal verliert man, manchmal gewinnen die anderen."

- FEDERICO FELLINI

Federico Fellinis nachdenkliche Erkenntnis, dass manchmal verliert man und manchmal gewinnen die anderen, öffnet eine Perspektive auf die Schwankungen des Lebens und die Akzeptanz von Niederlagen. Diese Aussage betont, wie das Leben aus Höhen und Tiefen besteht und nicht immer nach Wunsch verläuft. Das Zitat ermutigt dazu, die Fähigkeit zur Anpassung und zur Bewältigung von Herausforderungen zu entwickeln. Es lädt dazu ein, Niederlagen nicht als endgültige Misserfolge, sondern als Lernchancen zu sehen und die Demut zu bewahren, während man durch die verschiedenen Phasen des Lebens navigiert.

88.

"Die wahrhaft Mächtigen sind jene, die anderen Macht verleihen."

- SHANNON L. ALDER

Das Zitat von Shannon L. Alder, drückt eine bedeutungsvolle Erkenntnis über Macht und Einfluss aus. Es lenkt die Aufmerksamkeit weg von einer traditionellen Vorstellung von Macht, die oft mit Kontrolle und Dominanz assoziiert wird, hin zu einer Perspektive, in der wahre Stärke darin besteht, anderen Menschen die Möglichkeit zu geben, sich zu entfalten und zu wachsen.

Das Zitat erinnert uns daran, dass die Fähigkeit, anderen zu helfen und sie zu unterstützen, eine Form von Macht ist, die weitreichende positive Auswirkungen haben kann. Indem wir anderen erlauben, ihre Fähigkeiten zu entfalten und ihre eigenen Potenziale zu nutzen, tragen wir zur Stärkung von Gemeinschaften und zur Förderung des kollektiven Wohlbefindens bei.

89.

"Solidarität ist keine Frage der reinen Sympathie, sondern der Gerechtigkeit."

- ERNESTO CARDENAL

Das besagte Zitat von Ernesto Cardenal verdeutlicht, dass Solidarität über reine Sympathie hinausgeht und auf dem Prinzip der Gerechtigkeit basiert. Es unterstreicht die Bedeutung, nicht nur emotional verbunden zu sein, sondern auch aktiv für gerechte Bedingungen einzustehen und strukturelle Ungerechtigkeiten anzugehen. Dieses Zitat erinnert uns daran, dass Solidarität mehr ist als ein Gefühl; es ist eine ethische Verpflichtung, sich für das Wohl anderer einzusetzen und eine gerechtere Welt zu fördern. Es betont, dass unser Handeln in Solidarität nicht nur von Empathie getrieben sein sollte, sondern auch von dem Wunsch nach Gerechtigkeit und Chancengleichheit für alle. Indem es betont, dass Solidarität auf Gerechtigkeit gründet, fordert das Zitat uns auf, Verantwortung zu übernehmen und aktiv dazu beizutragen, soziale Ungleichheiten zu verringern und für eine bessere Zukunft für alle einzutreten..

90.

"Wahre Veränderung kommt von innen heraus, von den Menschen, nicht von Regierungen."

- GRETA THUNBERG

Dieses Zitat hebt hervor, dass nachhaltige und bedeutsame Veränderungen in der Gesellschaft nicht allein von staatlichen Institutionen oder Regierungen erwartet werden sollten. Vielmehr liegt die Kraft zur Veränderung in den Händen der Menschen selbst. Es betont die Rolle jedes Einzelnen als Agent des Wandels, der die Möglichkeit hat, positive Veränderungen in Gang zu setzen.

Die Botschaft dieses Zitats liegt in der Ermutigung zur Eigenverantwortung und zur aktiven Beteiligung an Veränderungsprozessen. Es lenkt die Aufmerksamkeit weg von passiver Erwartung an Regierungen und hin zur Erkenntnis, dass jeder Einzelne die Fähigkeit hat, durch bewusste Handlungen und Entscheidungen Veränderungen anzustoßen. Indem betont wird, dass Veränderung von innen kommt, wird die Bedeutung persönlicher Werte, Überzeugungen und Handlungen für den Wandel in der Gesellschaft unterstrichen.

91.

"Nur wer bereit ist, Risiken einzugehen, kann wirklich frei sein."

- JOHN F. KENNEDY

Selbst heute noch erinnert uns John F. Kennedys Aussage daran, dass Freiheit oft Mut erfordert und dass wahre Freiheit nur diejenigen erreichen können, die sich trauen, Risiken einzugehen. Dieses Zitat unterstreicht die Verbindung zwischen der Bereitschaft, Unsicherheiten anzugehen, und dem Streben nach authentischer Freiheit. Indem wir uns auf Unbekanntes einlassen und Hindernisse überwinden, können wir das Potenzial freisetzen, das in uns steckt, und unsere eigenen Grenzen erweitern.

Seine Worte erinnern uns daran, dass Freiheit oft nicht ohne Herausforderungen erreicht werden kann, aber der Prozess des Risikoeingehens eine Quelle von Wachstum und Selbstverwirklichung sein kann. Dieses Zitat ist eine Einladung, den Mut aufzubringen, sich neuen Möglichkeiten zu öffnen und so die Freiheit zu erkunden, die in der Überwindung von Hindernissen liegt.

92.

"Es gibt nichts Edleres, als anderen zu dienen und ihnen ein Lächeln ins Gesicht zu zaubern."

- DALAI LAMA

In dieser einfühlsamen Äußerung des Dalai Lama liegt eine tiefgreifende Wahrheit über die Bedeutung von Mitgefühl und Großzügigkeit. Das Zitat betont die erhabene Natur des Dienstes an anderen und wie sehr wir durch das Teilen von Freude unser eigenes Leben bereichern.
Die Essenz dieses Zitats ist zeitlos. Sie ermutigt dazu, Freude und Hilfe zu teilen, da unsere Handlungen nicht nur die Leben anderer verbessern können, sondern auch unser eigenes Leben mit Sinn erfüllen. Es erinnert uns daran, dass es in der Fähigkeit liegt, anderen ein Lächeln zu schenken, dass wir wahre Menschlichkeit und Verbindung erfahren. Indem wir für andere da sind und Mitgefühl zeigen, tragen wir zur Entfaltung von Freude und Harmonie in der Welt bei.

93.

"Nicht das Beginnen wird belohnt, sondern einzig und allein das Durchhalten."

- KATHARINA VON SIENA

In dieser ermutigenden Aussage von Katharina von Siena liegt eine wichtige Erkenntnis über Ausdauer und Durchhaltevermögen. Das Zitat betont, dass nicht der Start, sondern die kontinuierliche Anstrengung und Hingabe belohnt werden.
Die Botschaft dieses Zitats ist zeitlos. Sie erinnert daran, dass der Weg zum Erfolg oft von Rückschlägen begleitet wird, aber das Festhalten an unseren Bemühungen und die Bereitschaft, Hindernisse zu überwinden, letztendlich die größte Belohnung bringt. Indem wir unser Bestes geben und trotz Schwierigkeiten weitermachen, entdecken wir nicht nur unser eigenes Potenzial, sondern erfahren auch die innere Stärke, die uns dabei hilft, unsere Ziele zu erreichen.

94.

"Die größte Entdeckung meiner Generation ist, dass ein Mensch seine Lebenssituation durch einen Wandel seiner Einstellung verändern kann."

- WILLIAM JAMES

Die Quintessenz dieses Zitats liegt in der Offenbarung, dass unsere Generation erkannt hat, wie stark eine individuelle Lebenssituation durch die Veränderung der eigenen Einstellung beeinflusst werden kann. Dieser Gedanke, von William James formuliert, hebt die Fähigkeit des Geistes hervor, unsere Realität zu gestalten. Es betont, dass wir durch die bewusste Wahl einer positiven Denkweise und Haltung die Richtung unseres Lebens lenken können. Diese Aussage lädt dazu ein, sich bewusst auf die positiven Aspekte zu konzentrieren, die uns umgeben, und die Fähigkeit zur Anpassung und Umgestaltung zu nutzen. Sie erinnert daran, dass wir die Architekten unseres eigenen Lebens sind, indem wir unsere Einstellung wählen und gestalten. Indem wir uns für eine optimistische Perspektive entscheiden, können wir uns von negativen Einflüssen befreien und uns auf einen Weg des Wachstums und der persönlichen Transformation begeben.

95.

"Geduld ist nicht die Fähigkeit zu warten, sondern wie man während des Wartens aussieht."

- JOYCE MEYER

In dieser erhellenden Aussage von Joyce Meyer liegt eine tiefgehende Erkenntnis über die Natur von Geduld und wie wir sie in unserem Verhalten während des Wartens zum Ausdruck bringen. Das Zitat betont, dass Geduld nicht nur ein passives Abwarten ist, sondern eine aktive Haltung, die unsere Reaktionen und Handlungen einschließt. Diese Aussage erinnert daran, dass Geduld eine Tugend ist, die uns befähigt, während Herausforderungen oder Verzögerungen ruhig und besonnen zu handeln. Sie lädt dazu ein, nicht nur auf das Eintreffen eines Ereignisses zu warten, sondern aktiv die gegenwärtige Situation zu akzeptieren und in positiver Weise zu gestalten. Letztendlich betont sie, dass Geduld nicht nur das Ende eines Wartens ist, sondern der Weg, wie wir uns auf diesem Weg verhalten und wie wir uns in schwierigen Zeiten entwickeln.

96.

"Du bist nie zu alt, um dir ein neues Ziel zu setzen oder einen neuen Traum zu träumen."

- C.S. LEWIS

In diesen ermutigenden Worten von C.S. Lewis liegt eine zeitlose Botschaft über die grenzenlose Natur von Träumen und Zielen. Das Zitat betont, dass es nie zu spät ist, sich neu zu orientieren oder nach neuen Wünschen zu streben. Diese Aussage erinnert daran, dass das Leben unabhängig von unserem Alter Möglichkeiten zur Entfaltung bietet. Sie lädt dazu ein, sich von gesellschaftlichen Erwartungen oder Zweifeln nicht einschränken zu lassen, sondern mutig auf die eigenen Interessen und Träume zu hören. Indem wir uns neue Ziele setzen und unsere Leidenschaften verfolgen, können wir unser Leben kontinuierlich bereichern und uns auf einen Weg der Erfüllung begeben. Letztendlich zeigt sie, dass der Wunsch nach Wachstum und Veränderung ein untrennbarer Teil der menschlichen Natur ist.

97.

"Ein Lächeln ist eine universelle Begrüßung."

- MAX EASTMAN

In dieser treffenden Aussage von Max Eastman liegt eine klare Erkenntnis über die universelle Natur eines Lächelns. Das Zitat betont, dass Lächeln eine Form der Kommunikation ist, die über Sprach- und Kulturgrenzen hinweg verstanden wird.

Diese Aussage erinnert daran, wie ein Lächeln eine Verbindung zwischen Menschen schaffen kann, unabhängig von ihrer Herkunft oder Sprache. Sie lädt dazu ein, die Kraft der Einfachheit zu erkennen und bewusst positive Signale auszusenden. Indem wir mit einem Lächeln auf andere zugehen, können wir die Atmosphäre aufhellen und eine Atmosphäre der Freundlichkeit und Offenheit schaffen. Letztendlich zeigt sie, dass die Fähigkeit, Freude zu teilen, eine mächtige Möglichkeit ist, zwischenmenschliche Beziehungen zu stärken und Verständnis zu fördern.

98.

"Jeder ist ein Genie. Aber wenn du einen Fisch danach beurteilst, ob er einen Baum hinaufklettern kann, wird er sein ganzes Leben damit verbringen, zu glauben, dass er dumm ist."

- ALBERT EINSTEIN

In diesen klugen Worten von Albert Einstein liegt eine tiefe Einsicht in die Vielfältigkeit der menschlichen Fähigkeiten. Das Zitat betont, wie wichtig es ist, die unterschiedlichen Stärken und Talente eines jeden Einzelnen anzuerkennen und nicht nach uniformen Maßstäben zu bewerten.
Diese Aussage erinnert daran, wie wichtig es ist, Menschen auf ihre individuellen Fähigkeiten und Potenziale hin zu betrachten, anstatt sie nach einem starren Standard zu beurteilen. Sie lädt dazu ein, die Einzigartigkeit jedes Menschen zu erkennen und zu respektieren. Indem wir uns auf Stärken konzentrieren und Talente fördern, können wir eine Umgebung schaffen, in der jeder sein volles Potenzial entfalten kann. Letztendlich zeigt sie, wie vielfältig die menschliche Intelligenz und Kreativität sein können und wie wichtig es ist, verschiedene Wege des Denkens und Lernens anzuerkennen.

99.

"Ich fange mit einer Idee an, dann wird es zu etwas anderem."

- PABLO PICASSO

Pablo Picassos Aussage verdeutlicht den fließenden Charakter des kreativen Prozesses. Sie unterstreicht, wie sich Ideen oft im Verlauf ihrer Entwicklung verändern und in überraschende Richtungen bewegen.
Diese Äußerung ermutigt dazu, die ursprüngliche Idee nicht zwanghaft festzuhalten, sondern den Prozess der Verwandlung und Entfaltung zu akzeptieren. Sie lädt dazu ein, sich von unerwarteten Wendungen inspirieren zu lassen und die kreative Reise als eine Entdeckungsreise zu betrachten. Indem wir den Fluss unserer Ideen zulassen, können wir die Tiefe und Reichhaltigkeit unseres Schaffens erkunden und unsere Fähigkeit zur Innovation stärken. Letztendlich zeigt sie, dass Kreativität eine ständige Entwicklung ist, die Raum für Neuinterpretationen und frische Perspektiven lässt.

100.

"Alles, was mit Liebe getan wird, ist gut getan."

– VINCENT VAN GOGH

Dieses Zitat von Vincent van Gogh unterstreicht die transformative Kraft der Liebe in unseren Handlungen. Es betont, dass die Motivation der Liebe die Qualität unserer Taten beeinflusst.
Die Botschaft dieses Zitats lädt dazu ein, Liebe als Antrieb für unser Tun zu nutzen. Es lädt dazu ein, in allem, was wir tun, die Liebe als Quelle der Inspiration und der positiven Energie zu integrieren. Indem wir Liebe in unsere Handlungen einfließen lassen, können wir nicht nur qualitativ hochwertige Ergebnisse erzielen, sondern auch eine tiefere Bedeutung und Erfüllung in unserem Schaffen finden. Es zeigt, wie sehr unsere Intentionen die Essenz dessen formen, was wir erschaffen, und wie wichtig es ist, das Herz in unsere Taten einzubringen.

101.

"Ich sehne mich so sehr danach, schöne Dinge zu schaffen. Aber schöne Dinge erfordern Anstrengung – und Enttäuschung und Durchhaltevermögen."

- VINCENT VAN GOGH

In diesen ehrlichen Worten von Vincent van Gogh offenbart sich die tiefe Leidenschaft des Künstlers für die Schaffung von Schönheit. Das Zitat betont, dass die Erschaffung von Schönem nicht nur Freude, sondern auch Mühe, Enttäuschungen und Hartnäckigkeit erfordert.
Die Essenz dieses Zitats zeigt, dass die Verfolgung von Schönheit mit Herausforderungen verbunden ist. Es betont die Notwendigkeit, trotz Rückschlägen und Enttäuschungen an der eigenen Leidenschaft festzuhalten. Es lädt dazu ein, die Mühe als Teil des kreativen Weges zu akzeptieren und sich von den Höhenflügen genauso wie von den Tiefschlägen inspirieren zu lassen. Letztendlich zeigt es, dass die Hingabe zur Schönheit eine Reise ist, die nicht nur die künstlerische Schöpfung, sondern auch die persönliche Entwicklung bereichert.

Liebe Leserinnen und Leser,
Mit dem Abschluss dieser inspirierenden Reise durch "101 Zitate, die zum Nachdenken anregen" möchte ich Ihnen meine aufrichtige Dankbarkeit aussprechen. Es war mir eine Freude und Ehre, diese Worte der Weisheit mit Ihnen zu teilen und meine Gedanken zu jedem einzelnen Zitat zu reflektieren.

Die menschliche Geschichte ist reich an Momenten der Erkenntnis, der Inspiration und der tiefen Reflexion. In diesem Buch haben wir gemeinsam einen Blick auf diese Augenblicke geworfen, die von Denkern, Schriftstellern und Persönlichkeiten aus verschiedenen Zeiten und Kulturen festgehalten wurden. Wir haben uns auf eine Reise begeben, um die Bedeutungen und Implikationen dieser Worte zu entfalten und unsere eigenen Ansichten darüber zu formen. Diese Zitate sind nicht nur Sprüche auf dem Papier, sondern vielmehr Fenster zu einem tieferen Verständnis unseres Lebens, unserer Verbindung zur Welt und zu den universellen Fragen, die uns alle bewegen. Sie laden uns ein, nachzudenken, zu hinterfragen und unsere Perspektiven zu erweitern.

Während wir uns in der Endphase dieses Buches befinden, ermutige ich Sie, die Gedanken und Einsichten, die Sie hier gefunden haben, in Ihren Alltag zu integrieren. Mögen diese Zitate zu Begleitern auf Ihrer eigenen Reise der Selbstreflexion und des Wachstums werden.
Abschließend möchte ich Ihnen nochmals für Ihre Zeit, Ihre Neugier und Ihr Interesse danken. Die Gedanken, die in diesen Seiten enthalten sind, sind nicht nur meine eigenen, sondern auch ein Echo der vielen klugen Köpfe, die vor uns kamen. Möge dieses Buch dazu beitragen, Ihre Gedanken anzuregen und Ihnen neue Perspektiven zu eröffnen.
In Dankbarkeit und Wertschätzung,

Printed in Poland
by Amazon Fulfillment
Poland Sp. z o.o., Wrocław
10 August 2025

6b23e888-481f-4c7c-ab0f-8f1c99d898b4R02